BEI GRIN MACHT SICH IHR
WISSEN BEZAHLT

- Wir veröffentlichen Ihre Hausarbeit,
  Bachelor- und Masterarbeit

- Ihr eigenes eBook und Buch -
  weltweit in allen wichtigen Shops

- Verdienen Sie an jedem Verkauf

Jetzt bei www.GRIN.com hochladen
und kostenlos publizieren

Bibliografische Information der Deutschen Nationalbibliothek:

Die Deutsche Bibliothek verzeichnet diese Publikation in der Deutschen National-bibliografie; detaillierte bibliografische Daten sind im Internet über http://dnb.d-nb.de/ abrufbar.

Dieses Werk sowie alle darin enthaltenen einzelnen Beiträge und Abbildungen sind urheberrechtlich geschützt. Jede Verwertung, die nicht ausdrücklich vom Urheberrechtsschutz zugelassen ist, bedarf der vorherigen Zustimmung des Verlages. Das gilt insbesondere für Vervielfältigungen, Bearbeitungen, Übersetzungen, Mikroverfilmungen, Auswertungen durch Datenbanken und für die Einspeicherung und Verarbeitung in elektronische Systeme. Alle Rechte, auch die des auszugsweisen Nachdrucks, der fotomechanischen Wiedergabe (einschließlich Mikrokopie) sowie der Auswertung durch Datenbanken oder ähnliche Einrichtungen, vorbehalten.

Impressum:

Copyright © 2016 GRIN Verlag, Open Publishing GmbH
Druck und Bindung: Books on Demand GmbH, Norderstedt Germany
ISBN: 9783668275300

Dieses Buch bei GRIN:

http://www.grin.com/de/e-book/338113/web-crawler-methodik-breitensuche-in-python-mit-scrapy-framework

Torun Ünver

Web Crawler Methodik. Breitensuche in Python mit Scrapy Framework

GRIN Verlag

GRIN - Your knowledge has value

Der GRIN Verlag publiziert seit 1998 wissenschaftliche Arbeiten von Studenten, Hochschullehrern und anderen Akademikern als eBook und gedrucktes Buch. Die Verlagswebsite www.grin.com ist die ideale Plattform zur Veröffentlichung von Hausarbeiten, Abschlussarbeiten, wissenschaftlichen Aufsätzen, Dissertationen und Fachbüchern.

Besuchen Sie uns im Internet:

http://www.grin.com/

http://www.facebook.com/grincom

http://www.twitter.com/grin_com

Hochschule Darmstadt

Fachbereich Media

Studiengang Informationswissenschaften

Web Crawler Methodik: Breitensuche in Python mit Scrapy Framework

Kolloquium WS 2015 / 2016

Informationswissenschaftliches Kolloquium

vorgelegt von:

Torun Ünver

Abgabetermin: 11.01.2016

Inhaltsverzeichnis

Abbildungs- & Skizzenverzeichnis

Abbildungen

Skizzen

1 Einleitung

Während des Studiums im Gebiet der Informationswissenschaften an der Hochschule Darmstadt habe ich in Informatik umfangreiche Erkenntnisse gewinnen können. Das damit verbundene Interesse am Programmieren erweckte ein enormes Interesse an der Programmiersprache Python. Denn Python ist eine sehr effiziente und einflussreiche Programmiersprache, welches ich bereits in vergangenen Hausarbeiten mit Versuchen hinterlegen konnte. In diesem Kolloquium möchte ich mich erneut mit der Durchsuchung des *World Wide Web* beschäftigen. Jedoch diesmal, möchte ich herausfinden, ob man mit der Programmiersprache Python Linkquellen aus unterschiedlichen Webseiten analysieren kann. Ich möchte den Versuch starten mithilfe von Python, einem Python-Framework namens *Scrapy* und einer Datenbank namens *MongoDB* Linkquellen zu untersuchen. Untersuchte Linkquellen sollen zunächst in einer Datenbank abgelegt werden und sobald der erste Durchlauf vollendet ist, soll der Crawler die nächste gespeicherte Linkquelle aus der Datenbank entnehmen und diese Linkquelle nach weiteren Linkquellen untersuchen.

Dabei ist es wichtig, dass bei den gespeicherten Linkquellen keine Duplikate enthalten sind und die bereits untersuchten Webseiten nicht erneut untersucht werden.

Die Effizienz dieser Programmiersprache und dessen einflussreiche Möglichkeiten waren der Anlass sich mit diesen Thema näher zu beschäftigen. Daher habe ich mich gefragt, ob diese Programmiersprache einfach und schnell eine hohe Anzahl an Linkquellen unterschiedlicher Webseiten aufspüren kann. In meinem Kolloquium möchte ich zuerst auf die beiden Suchalgorithmen der Breiten- und Tiefensuche eingehen. Im Anschluss möchte ich auf die Konzeption, Voraussetzungen und Installation eingehen, die man für einen solchen Versuch braucht und darauffolgend den Versuch starten. Ziel des Kolloquiums soll es sein dem Leser einen Eindruck zu verschaffen wie effizient und umfangreich die Programmiersprache Python sein kann.

2 Konzeption

Das Konzept ist es einen vollkommen eigenständigen bzw. automatisch nach Verlinkungen suchenden Web Crawler zu entwickeln. Der Crawler soll bei einer vorgegebenen URL anfangen und nach *<a href="">* - *Tags* suchen. Anschließend sollen alle gefundenen Links mit den jeweiligen Linktexten in eine Datenbank (MongoDB) abgelegt werden. In dieser Form sollen die Daten beispielsweise strukturiert abgelegt werden:

id	link	linktext
54	*http://www.shishatrends.de/shisha-anleitung*	Shisha Anleitungen & Rezepte

Nachdem die erste URL nach Verlinkungen untersucht wird und untersuchte Verlinkungen in die Datenbank ablegt werden, soll anschließend die nächste abgelegte URL aus der Datenbank entnommen werden. Die entnommene URL wird dann in den Web Crawler integriert, sodass die nächste Webseite nach weiteren Verlinkungen untersucht wird. Nach jeder Untersuchung soll der Web Crawler gefundene Verlinkungen immer wieder in der Datenbank speichern. Dieser Prozess soll sich ständig wiederholen bis die maximale Anzahl an Verlinkungen erreicht wird. Die maximale Anzahl an Verlinkungen kann man im Code individuell festlegen. Außerdem sollen Webseiten nicht wiederholt gecrawlt werden und in der Datenbank sollen keine Duplikate enthalten sein.

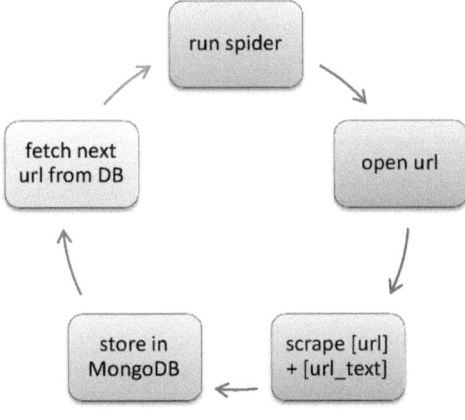

Skizze 1 - Prozessablauf

3 Breitensuche

Die Breitensuche im englischen auch *breadth first search* genannt, ist ein informationstechnisches Verfahren. Bei der Breitensuche fängt die Expandierung von einem bestimmten Startknoten an und dehnt sich weiter aus. Es wird nach weiteren Knoten gesucht die mit dem Startknoten in direkter bzw. erster Ebene in Verbindung stehen, bevor die Expandierung weiter in die Tiefe geht. Sobald alle Knoten der ersten Ebene erreicht werden, kommen diese in eine Warteschlange. [1]

Die Knoten werden nach und nach aus der Warteschlange entnommen und abgearbeitet bzw. nach weiteren Knoten in der nächsten tieferen Ebene durchsucht. Aber hierbei ist es wichtig zu wissen, dass man von einem Knoten aus nicht sofort in die Tiefe geht, sondern zunächst alle noch nicht erreichten Nachbarn des Knotens bearbeitet. Nachdem alle Knoten der ersten Ebene bearbeitet sind, wird die nächste tiefere Ebene nach Knoten untersucht und diese werden wie zuvor in die Warteschlange aufgenommen. Anschließend werden die Knoten einzeln aus der Warteschlange selektiert und bearbeitet.[2]

In der unten zu sehenden Skizze 2 kann man beobachten wie die Suche vom Startknoten anfängt und in die erste Ebene expandiert. Anschließend expandiert die Suche weiter in die nächste tiefere Ebene. Der Suchvorgang ist nach alphabetischer Reihenfolge sortiert und dient zur Orientierung.

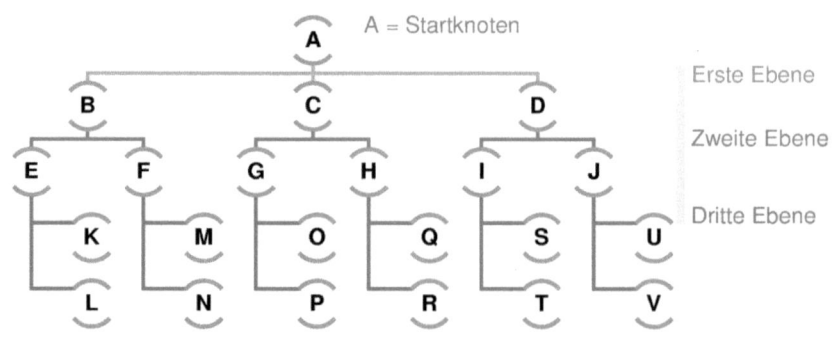

Skizze 2 – Vorgang bei der Breitensuche

---

[1] Vgl. (Maucher, 2010)
[2] Vgl. (Goos, 2000), S. 306 ff.

4 Tiefensuche

Die Tiefensuche im englischen auch *depth first search* genannt, ist ebenfalls wie die Breitensuche ein informationstechnisches Verfahren. Bei der Tiefensuche fängt die Expandierung beim Startknoten an und folgt dem ersten Knoten der nächsten (ersten) Ebene. Anschließend wird die Suche weitergeführt von der ersten Ebene in die nächste tiefere Ebene.[3] Bei der Suche nach neuen Knoten wird bei der Tiefensuche der erste Knoten einer Ebene auf weitere Knoten in tieferen Ebenen untersucht bis der letzte Knoten erforscht wurde. Sobald der letzte Knoten erreicht ist und es keinen weiteren Knoten mehr gibt, erfolgt ein sogenanntes Backtracking, d.h. die Suche kehrt zur nächst höheren Ebene zurück und untersucht den nächsten Knoten in die Tiefe.[4]

In der unten zu sehenden Skizze 3 wird der Verlauf der Tiefensuche dargestellt. Vom Startknoten ausgehend wird der erste Knoten aus der ersten Ebene erreicht und nach weiteren Knoten in den tieferen Ebenen expandiert. Der Suchvorgang ist nach alphabetischer Reihenfolge sortiert und dient zur Orientierung.

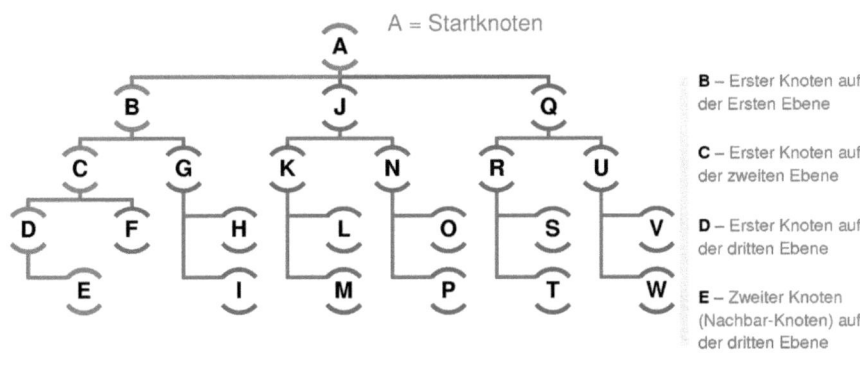

Skizze 3 - Vorgang bei der Tiefensuche

---

[3] Vgl. (Maucher, 2010)
[4] Vgl. (Goos, 2000), S. 306 ff.

5 Voraussetzungen

Die Voraussetzung für diese Untersuchung ist als aller erstes ein Rechner mit standardmäßiger Leistung. Obwohl dieser Versuch auf den meistbekannten Betriebssystemen funktioniert wird hierbei der Versuch auf einem bestimmten Betriebssystem ausgeführt. Ausgewählt wurde das Ubuntu/Linux Betriebssystem, da dieser bei Konfigurationen am unkompliziertesten ist. Des Weiteren werden die zwei Versionen 2.7 und 3.5 der Programmiersprache Python benötigt. Diese sind bereits vorinstalliert und können ggf. aktualisiert werden mit dem folgenden Befehl:

sudo apt-get install python2.7 | sudo apt-get install python3.5

Als nächstes benötigt man die Scrapy Bibliothek. Scrapy ist ein Framework um Webseiten zu durchforsten und strukturiert Daten zu ziehen. Mit Scrapy können nützliche Applikationen erstellt werden für beispielsweise Data Mining Prozesse. Außerdem ist Scrapy komplett in Python geschrieben.[5]

Um die Daten in MongoDB ablegen zu können braucht man anschließend PyMongo. PyMongo ist eine empfohlene Python Distribution und beinhaltet Werkzeuge um mit MongoDB arbeiten zu können.[6]

Als letztes benötigt man eine Datenbank mit der gearbeitet werden kann. Daher eignet sich MongoDB für diese Untersuchung. MongoDB ist ein frei verwendbares Datenbanktool und ist für hohe Datenmengen sehr gut geeignet.[7]

Zusammenfassung der Voraussetzungen:

- Ubuntu/Linux Rechner (Standardmäßige Leistung ausreichend)
- Python Version 2.7 & 3.5
- Scrapy
- PyMongo
- MongoDB + Robomongo

---

[5] Vgl. (Developers, Scrapy documentation 1.0, 2015)
[6] Vgl. (Developers M. , 2015)
[7] Vgl. (Developers M. , Introduction to MongoDB, 2015)

5.1 Installation

Um Installationsbefehle ausführen zu können öffnet man als erstes das Terminal oder auch *Command Line* genannt.

Abbildung 1 - Screenshot Ubuntu Terminal (Command Line)

Nachdem öffnen des Terminals gibt man den Befehl sudo pip install scrapy ein um das Scrapy Framework zu installieren. Das Wort *sudo* steht für die Ausführung eines Befehls als Administrator, *pip* ist ein Hilfswerkzeug um Python Packages zu installieren. Die anderen beiden Eingaben sind zum einen *install* um eine Installation auszuführen und zum anderen das zu installierende Tool, in diesem Fall *scrapy*.[8]

Nachdem Scrapy erfolgreich installiert wurde sollte man überprüfen, ob alle nötigen Packages installiert wurden. Mit pip freeze werden im Terminal alle installierten Packages aufgelistet.[9]

Abbildung 2 - Screenshot über installierte Python Packages

---

[8] Vgl. (Doenitz, 2014)
[9] Vgl. (Boschetti & Massaron, 2015), S. 10, ff.

Damit gecrawlte Links und Linktexte in der MongoDB Datenbank gespeichert werden können, muss als nächstes PyMongo installiert werden.

PyMongo lässt sich durch den Befehl sudo pip install pymongo ganz einfach im Terminal installieren. In den nächsten Kapiteln wird die Verbindung zur MongoDB Datenbank genauer erläutert. Mithilfe von RoboMongo kann man die Datenbank visualisieren.

6 Praktische Untersuchung

6.1 Erstellung eines Scrapy Projekts

Bei dem praktischen Versuch erstellt man zunächst ein Scrapy Projekt mithilfe der Console bzw. des Terminals. Sobald ein neues Projekt angelegt werden soll, erstellt Scrapy einen neuen Ordner innerhalb des Scrapy Verzeichnisses und füllt den Ordner mit der Basis-Struktur. Die Basis-Struktur besteht aus unterschiedlichen Dateien mit denen man auf Anhieb loslegen kann.

Erstellung eines Scrapy Projekts mit folgendem Befehl in der Console

```
$ scrapy startproject projektname

2015-09-05 20:56:40 [scrapy] INFO: Scrapy 1.0.3 started (bot: scrapybot)
2015-09-05 20:56:40 [scrapy] INFO: Optional features available: ssl, http11
2015-09-05 20:56:40 [scrapy] INFO: Overridden settings: {}
New Scrapy project 'projektname' created in:
    /home/projektname
```

Mit einem Befehl ist das Anlegen eines Scrapy Projekts innerhalb von Sekunden bereits veranlasst und erledigt. Um Scrapy Befehle nutzen zu können muss meistens am Anfang **scrapy** stehen und an zweiter Stelle der auszuführende **<Befehl>** in diesem Fall **startproject** um ein neues Projekt anzulegen. An dritter Stelle steht der **<Projektname>** diesen kann man individuell festlegen.

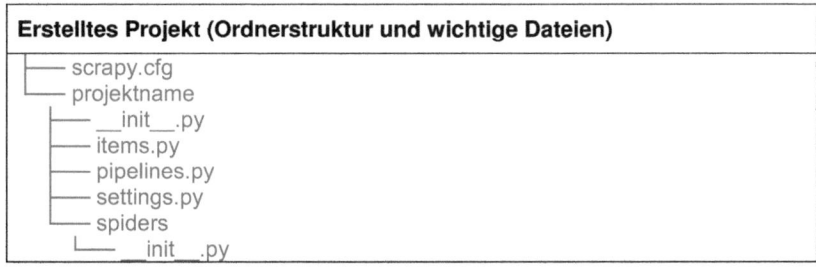

Erstelltes Projekt (Ordnerstruktur und wichtige Dateien)
```
├── scrapy.cfg
└── projektname
    ├── __init__.py
    ├── items.py
    ├── pipelines.py
    ├── settings.py
    └── spiders
        └── __init__.py
```

Innerhalb des Projekts findet man nun verschiedene Dateien wie z.B. **items.py**, **pipelines.py** oder **settings.py**. In einem weiteren Ordner mit dem Namen **spiders**, ebenfalls innerhalb des Projekts wird der Crawler im späteren Verlauf angelegt und definiert.

Items.py ist eine Datei die verwendet wird um Container zu definieren in denen gecrawlte Daten abgelegt bzw. zwischengespeichert werden.

Pipelines.py ist eine Datei um Verbindungen herzustellen beispielsweise mit einer Datenbank oder man kann hier die Art der Datenübertragung definieren und auch Aktionen definieren die bei einem bestimmten Fall auftreten sollen.

Settings.py ist eine Datei um Einstellungen vorzunehmen. Am wichtigsten ist hierbei die Konfiguration mit einer Datenbank. Wichtige Konfigurationsbedingungen wie Servername, Port oder Datenbankname müssen in der settings.py – Datei enthalten sein. Abgesehen davon gibt es viele weitere Einstellungen, wie z.B. das Erlauben von Cookies oder das Definieren von Verzögerungen beim crawlen einer nachfolgenden Webseite.

Middlewares.py ist eine Datei um das Suchverhalten des Crawlers zu steuern. Beispielsweise kann die Ladezeit bei einer Anfrage zu einer bestimmten Webseite zu lange dauern und mithilfe der Middleware kann man Definitionen einpflegen, die wiederrum bei einer nichtladenden Webseite einen Abbruch vornimmt und die nächste Webseite crawlt.

6.2 Items.py

Beim Crawlen von Daten ist das wichtigste die Daten strukturiert aus den unstrukturierten Quellen zu ziehen. Um strukturiert Daten zu ziehen definiert man mithilfe von items.py das Ausgabeformat, also in welcher Form die Daten übermittelt werden sollen. Item-Objekte sind einfache Container die gecrawlte Daten sammeln und eine Wörterbuch ähnliche Schnittstelle anbieten mit einer praktischen Syntax um verfügbare Fields (Felder) zu deklarieren.

Item Fields

Fields sind Objekte und werden verwendet um die Metadaten für jedes sogenannte Field zu spezifizieren. Man kann jede Art von Daten oder Inhalten in einem einzelnen Field definieren. Es gibt keine Beschränkung bei der Vergabe von Fields, d.h. Fields können Links, Inhalte, Videos, Musik oder Bilder sein. Jedes einzelne Field-Objekt kann innerhalb des Scrapy-Projekts in verschiedenen Befehlen aufgerufen werden. Vorteilhaft ist es, wenn man bei jedem Field-Objekt eine eindeutige Benennung angibt, sodass auf jedes Field-Objekt problemlos zugegriffen werden kann.[10]

Im Versuch sind die zwei Field-Objekte **link** und **linkText** festgelegt. Die Klasse kann man je nach Bedarf benennen. Hierbei ist die Klasse als **GetterLinksItem** definiert.

---

items.py – Dateiansicht

```
from scrapy import Item, Field

class GetterLinksItem(Item):
    link = Field()
    linkText = Field()
```

---

[10] Vgl. (Developers, Items - Scrapy 1.0.4 documentation, 2016)

6.3 Pipelines.py

Nach dem ein Item vom Crawler untersucht wurde, wird es in der pipelines.py mithilfe definierter Komponenten verarbeitet und weiter geschickt. Jede Pipeline Komponente auch Item Pipeline genannt, ist eine Python Klasse, die eine einfache Methode enthält. Die Pipeline Komponente bekommt ein Item zugewiesen und ruft eine Aktion hervor. Im Pipeline Prozess entscheidet sich ebenfalls, ob ein Item weiter geschickt wird oder ein Error ausgegeben wird. [11]

Typische Aufgaben einer Pipeline

Eine Pipeline stellt die Verbindung zur Datenbank her, in diesem Fall stellt Sie eine Verbindung zur MongoDB her. Abgesehen davon ist die Pipeline ein Mittel um HTML – Daten zu reinigen, validieren und zu strukturieren. Über die Pipeline können auch Items nach Duplikate geprüft und ggf. aussortiert werden vom laufenden Prozess.

Spider	• sendet eine Anfrage • crawlt Webseite gezielt nach Links und Linktexte
Anfrage	• gecrawlte Daten werden ermittelt und zurückgegeben
Item	• Daten werden strukturiert und weitergeleitet
Pipeline	• definierte Aktionen werden ausgeführt • Verbindung zur DB wird hergestellt und Daten weiter geschickt
Database	• erhaltene Daten werden in die Datenbank nach der definierten Struktur eingepflegt

Skizze 4 - Erklärung des Prozesses insbesondere Pipeline Funktion

---

[11] Vgl. (Developers, Item Pipeline - Scrapy 1.0.4 documentation, 2016)

pipelines.py – Dateiansicht

```python
import pymongo

from scrapy.conf import settings
from scrapy.exceptions import DropItem
from scrapy import log

class MongoDBPipeline(object):
    def __init__(self):
        connection = pymongo.MongoClient(
            settings['MONGODB_SERVER'],
            settings['MONGODB_PORT']
        )

        db = connection[settings['MONGODB_DB']]
        self.collection = db[settings['MONGODB_COLLECTION']]

    def process_item(self, item, spider):
        valid = True
        for data in item:
            if not data:
                valid = False
                raise DropItem("Missing {0}!".format(data))
            if valid:
                self.collection.insert(dict(item))
                log.msg("Daten in MongoDB eingepflegt!",
                    level=log.DEBUG, spider=spider)
        return item
```

In der oben zusehenden pipelines.py – Datei werden zwei wichtige Aktionen ausgeführt. Zum einen wird innerhalb der Klasse **MongoDBPipeline** eine Verbindung zur Datenbank hergestellt, dort werden die gecrawlten Daten abgelegt und zum anderen werden die Items validiert. Wenn die Items valide sind werden diese in die Datenbank hinzugefügt andernfalls nicht.

Die ersten Vier Zeilen Code sind sehr wichtig, denn der Befehl **import pymongo** beispielsweise, ist zwingend notwendig und dient als Werkzeug um mit MongoDB arbeiten zu können. Die drei anderen Befehle sind notwendig für die Harmonie zwischen den einzelnen Dateien. Außerdem ist jede Item Pipeline eine Python Klasse und muss in dieser Form erzeugt werden: process_item(self, item, spider).

Diese Methode wird bei jeder Pipeline Komponente aufgerufen und muss entweder eine Aktion ausführen und die Daten weiterleiten oder mithilfe von DropItem werden die Daten nicht mehr länger im Prozess aufbewahrt und werden aus dem Prozess aussortiert.

Parameter

- item (Item Objekt) – das definierte Item Objekt, welches untersucht wird
- spider (Spider Objekt) – der Crawler der die Items untersucht bzw. crawlt

Duplikate filtern

Um Duplikate erkennen und filtern zu können gibt es eine Methode die innerhalb der pipelines.py angewendet werden kann um doppelte Elemente zu erkennen die bereits verarbeitet wurden.[12]

Hierbei handelt es sich um ein Beispiel mit einmaligen ID's. Nehmen wir an der Crawler gibt verschiedene Items mit derselben ID aus, dann könnte man mit einem Duplikaten Filter doppelte Elemente erkennen und ggf. aussortieren.

Duplicates filter - Code um Duplikate zu filtern

```
from scrapy.exceptions import DropItem

class DuplicatesPipeline(object):

    def __init__(self):
        self.ids_seen = set()

    def process_item(self, item, spider):
        if item['id'] in self.ids_seen:
            raise DropItem("Duplicate item found: %s" % item)
        else:
            self.ids_seen.add(item['id'])
            return item
```

---

[12] Vgl. (Developers, Item Pipeline - Scrapy 1.0.4 documentation, 2016)

6.4 Settings.py

Die Settings.py – Datei ist dafür da, um in Scrapy Einstellungen vorzunehmen. Mithilfe von Einstellungen lässt sich der Crawler beliebig anpassen, sodass es möglich ist das Verhalten des Crawlers nach den eigenen Anforderungen zu steuern. Bei den Einstellungen kann man Erweiterungen (im englischen Extensions genannt) implementieren die einen Mechanismus zum Einfügen von selbst definierten Funktionen in Scrapy anbieten.[13]

Die Struktur der Einstellungen bietet einen globalen Namensraum von Schlüsselwert Zuordnungen, sodass man im Code diese Konfigurationsmethoden nutzen kann.
Wenn man Scrapy nutzen möchte muss man in den Einstellungen definieren, welche Einstellungen benutzt werden sollen und nicht benutzte Einstellungen sollten entweder auskommentiert sein oder gar nicht enthalten sein.

Scrapy priorisiert bei den Einstellungen die einzelnen Module oder Methoden nach Wichtigkeit. Beispielsweise haben wichtige selbstdefinierte Optionen aus der Console den höchsten Vorrang. Darauffolgend liegt die Priorität bei den Einstellungen bezüglich des Crawler Mechanismus. Im Anschluss werden Einstellungen zu den Modulen des Projekts, voreingestellte Optionen und globale Einstellungen beachtet.[14]

Auswahl an Scrapy Einstellungen

BOT_NAME
Der voreingestellte Name des Bots bzw. Crawlers ist **scrapybot**. Der name des Crawlers kann mit dieser Methode in den Einstellungen fest definiert werden. Meistens trägt der Crawler denselben Namen wie das Projekt.

---

[13] Vgl. (Developers S. , Extensions - Scrapy 1.0.4 documentation, 2016)
[14] Vgl. (Developers S. , Settings - Scrapy 1.0.4 documentation, 2016)

DEFAULT_REQUEST_HEADERS

Der voreingestellte Header dient für die Anfragen die mit Scrapy gestartet werden. Diese Einstellung kann in den settings.py an die eigenen Anforderungen angepasst werden.

COOKIES_ENABLED

Wenn die Methode in den Einstellungen enthalten ist, jedoch deaktiviert sind werden keine Cookies an den Webserver gesendet.

DUPEFILTER_DEBUG

Diese Methode ist in den Voreinstellungen deaktiviert. Sobald man diese Methode aktiviert werden alle Duplikaten Anfragen protokolliert.

DOWNLOAD_DELAY

Mithilfe dieser Methode kann man die Wartezeit einstellen, bevor die nächste Webseite gecrawlt werden soll. Im Allgemeinen ist diese Einstellung dafür da, um eine bestimmte Anfrage nach einer Verzögerung erst zu starten.
Wenn **DOWNLOAD_DELAY = 0.5** dann beträgt die Verzögerung 500 Millisekunden.

DOWNLOADER_MIDDLEWARES

Die Downloader Middlewares Einstellungen werden genutzt um bei den Anfragen (request) und Antworten (response) in Scrapy den Prozess zu verändern.

ITEM_PIPELINES

Mithilfe dieser Methode integriert man beispielsweise die Pipeline Kasse aus der pipelines.py – Datei in die settings.py – Datei. In dieser Form als Beispiel:
ITEM_PIPELINES = [' projektname.pipelines.PipelineKlasse ']

---

settings.py - Dateiansicht

```
BOT_NAME = 'getter_links'

SPIDER_MODULES = ['getter_links.spiders']
NEWSPIDER_MODULE = 'getter_links.spiders'

ITEM_PIPELINES = ['getter_links.pipelines.MongoDBPipeline', ]
MONGODB_SERVER = "localhost"
MONGODB_PORT = 27017
MONGODB_DB = "link_set"
MONGODB_COLLECTION = "links"

DUPEFILTER_DEBUG=True

DOWNLOAD_DELAY=5

COOKIES_ENABLED=False

DEFAULT_REQUEST_HEADERS = {
    'Accept': 'text/html,application/xhtml+xml,application/xml;q=0.9,*/*;q=0.8',
    'Accept-Language': 'en',
}

DOWNLOADER_MIDDLEWARES = {
    'getter_links.middlewares.MyCustomDownloaderMiddleware': 543,
    'scrapy.downloadermiddlewares.useragent.UserAgentMiddleware': None,
}
```

In der settings.py ist der Crawler Name definiert als **getter_links**, sowie das Projekt auch benannt wurde. Desweiteren ist mit **SPIDER_MODULE** der Crawler definiert als **getter_links.spiders** der mit dem Prozess beginnt sobald ein Startbefehl von der Console aus ausgeführt wird. Mit der Methode **NEWSPIDER_MODULE** kann man in die Einstellungen einen neuen Crawler hinzufügen.

Mit der Methode **ITEM_PIPELINES** gibt man den Namen der Pipeline Klasse an, sodass auf die Klasse in der pipelines.py – Datei zugegriffen werden kann. Hierbei ist das Item Pipeline als **getter_links.pipelines.MongoDBPipeline** definiert. Mit dieser Definition wird die Verbindung zur Datenbank hergestellt.

Mit den Methoden **MONGODB_SERVER, MONGODB_PORT, MONGODB_DB** und **MONGODB_COLLECTION** werden die Datenbank Konfigurationen vorgenommen.

Um Duplikate zu erkennen und zu protokollieren innerhalb der Console greift man auf die Methode **DUPEFILTER_DEBUG** zu. Diese Methode ist aktiviert und teilt bei doppelten Elementen einen Fehler mit.

Um die Webseiten ordentlich abzulegen und gleichzeitig die nächsten Webseiten gut laden zu können wird mit **DOWNLOAD_DELAY** eine Verzögerung integriert von 5 Sekunden Wartezeit.

Bei dieser Untersuchung möchten wir keine Cookies mitgeben, somit wird die Cookies Methode mit dem Befehl **COOKIES_ENABLED = False** deaktiviert. Mit dem Befehl **DOWNLOAD_REQUEST_HEADERS** wird der Scrapy Anfrage Modus definiert und zum Schluss wird die Methode **DOWNLOADER_MIDDLEWARS** integriert, sodass auf die middlewares.py – Datei zugegriffen werden kann und darin definierte Befehle ausgeführt werden können.

6.5 Middlewares.py

Es gibt zwei Arten von Middlewares, zum einen den Downloader Middleware und zum anderen den Spider Middleware. Beide Methoden teilen dieselbe Schnittstelle, aber haben unterschiedliche Absichten.

- Downloader Middleware verändern die Anfragen und Antworten oder wandeln Cawler Anfragen in Antworten um, sodass mehr Antworten generiert werden. Diese Methode kann nicht direkt mit dem In- und Output des Crawlers interagieren.
- Spider Middleware verändern den Prozess innerhalb und außerhalb des Crawlers. Diese Methode agiert ähnlich wie die Downloader Middleware, aber kann Anfragen nicht in Antworten umwandeln.[15]

---

[15] Vgl. (Jiuzhou, 2013)

settings.py - Dateiansicht

```python
from scrapy.downloadermiddlewares import useragent

from spiders import link_spider

import time

import scrapy

from scrapy import Request

from scrapy.http import Response

from scrapy.exceptions import IgnoreRequest, CloseSpider

class MyCustomDownloaderMiddleware(useragent.UserAgentMiddleware):

    def process_response(self, request, response, spider):
        time.sleep(3)
        if response.status == 200 and 'body_as_unicode' in dir(response):
            return response
        else:
            url1 = link_spider.getLinkfromDb()
            print "\n", url1, "\n"
            time.sleep(3)
            return Request(url1, callback=link_spider.StackSpider().parse1)

    def process_exception(self, request, exception, spider):
        print "\n", "Vorsicht: Sonderfall", "\n"
        url1 = link_spider.getLinkfromDb()
        if url1 is "exception":
            print "\n\n\n", "Diese Seite konnte nicht geladen werden.", "\n\n\n"
        else:
            print "\n\n\n", "Seite konnte nicht geladen werden, fetch next page"
            print "\n", url1, "\n"
            time.sleep(3)
            return Request(url1, callback=link_spider.StackSpider().parse1)
```

Eine Middleware Methode kann als Downloader Middleware oder als Spider Middleware genutzt werden. Jedoch sind Sie oftmals trivial und fokussiert auf eine bestimmte Instanz. Je mehr Instanzen im Crawler vorhanden sind, desto komplexer wird die Funktionalität.

Mit den ersten Sieben Zeilen Code werden die Methoden aus den anderen Dateien innerhalb des Projekts konfiguriert.

Anschließend wird eine Klasse definiert mit dem Namen **MyCustomDownloaderMiddleware**.

In dieser Klasse gibt es die **process_response** Definition und die **process_exception** Definition.[16]

process_request(self, request, response, spider)

Diese Methode ruft eine Antwort, eine Anfrage oder ein IgnoreRequest Funktion hervor. Wenn von der Console eine Antwort zurückgegeben wird ist der Prozess beispielsweise erfolgreich beendet oder wird nach Ausführung des Durchgangs erneut ausgeführt oder weitergeführt mit dem nächsten Schritt. Bei einer Rückgabe einer Anfrage wird die Anfrage zurückgelegt und eine neue Anfrage mit der nächsten URL aus der Datenbank in diesem Fall gestartet. Die IgnoreRequest Funktion kann während des Prozesses Fehler behandeln und wenn Fehler auftreten können diese ignoriert werden.

process_exception(self, request, exception, spider)

In Scrapy wird diese Methode aufgerufen, wenn es beim Prozess Schwierigkeiten gibt. Schwierigkeiten oder Probleme können unerwartet auftauchen. Dafür kann diese Methode definiert werden, um Schwierigkeiten und Probleme zu lösen oder zu protokollieren.[17]

Wenn die Start-URL beispielsweise nicht korrekt angegeben wurde, dann wird ein Error ausgegeben mit der Bemerkung, dass diese URL nicht korrekt ist oder nicht geladen werden konnte. Andernfalls kann die nächste URL aus der Datenbank entnommen werden und der Prozess wird ständig fortgeführt. Aber dies tritt nur dann auf, wenn die Start-URL einwandfrei durchsuchbar ist.

---

[16] Vgl. (Developers S. , Downloader Middleware - Scrapy 1.0.4 documentation, 2016)
[17] Vgl. (Subramanian, 2015), Seite 23, ff.

6.6 Spiders

Ein Spider, Scraper oder auch Crawler genannt enthält Definitionen innerhalb der Datei mithilfe dessen Webseiten gecrawlt bzw. untersucht werden. Insbesondere wird die Ausführung und das Extrahieren der Daten in einer Crawler Datei definiert – in diesem Fall innerhalb der **link_spider.py** Datei.

Im Folgenden wird näher auf die Funktion des Crawlers eingegangen und auf die Definitionen innerhalb des Crawlers.

Mit der Start-URL die in der Variable **url** definiert wird fängt der Crawler an die definierte URL zu untersuchen. Der Crawler untersucht die Webseite nach Linkquellen und die dazugehörigen Linktexte. Anschließend werden alle zurückgegebenen bzw. gefundenen Links inklusive der Linktexte in der MongoDB Datenbank gespeichert.

Darauffolgend prüft der Crawler die Anzahl an gespeicherten Links in der MongoDB Datenbank und gibt diese in der Console aus. Wenn die Anzahl der gespeicherten Links (in der MongoDB Datenbank) das im Crawler definierte Limit erreichen hört der Crawler auf weiter zu suchen und beendet den Vorgang.

Falls der Vorgang nicht beendet wird und weiter geht, nimmt der Crawler die nächste URL aus der MongoDB Datenbank und prüft als erstes ob diese URL valide ist. Im Anschluss untersucht der Crawler diese URL nach weiteren Linkquellen und legt die Ergebnisse erneut in der MongoDB Datenbank ab. Wenn die zu untersuchende URL nicht valide ist, wird diese ignoriert und die nächste URL wird aus der Datenbank entnommen. Dieser Prozess wird so oft wiederholt bis eine valide URL auftritt.

In der pipelines.py – Datei wurden Definitionen vorgenommen um die gefundenen Linkquellen in die MongoDB Datenbank abzulegen und mit der middlewares.py – Datei wurden Definitionen festgehalten die bei Eintritt eines Fehlers den Prozess bearbeiten.

link_spider.py - Dateiansicht

```python
from urlparse import urlparse
from pymongo import MongoClient
import scrapy
from scrapy import Spider, Request
from scrapy.selector import Selector
from getter_links.items import GetterLinksItem
import time

url = "http://duckduckgo.com/?q=Shisha&ia=about"
count = 500000

n = 1
usedLink_list = [url]
flag = 1

def getLinkfromDb():
    try:
        global flag
        global n
        client = MongoClient()
        db = client.link_set
        collection = db.links
        if collection.count() >= int(count):
            flag = 0
            return 0
        cursor = collection.find().skip(n)
        n = n + 1

        print "\n\n", "Anzahl der durchsuchten Links: ", collection.count(), "\n\n"
        time.sleep(3)

        while True:
            url1 = cursor.next()['link'][0].encode('utf8').strip()
            if urlparse(url1).scheme in ["http", "https", "ftp", "www3"] and url1 not in
usedLink_list :
                break
            cursor.next()
            n = n + 1
        usedLink_list.append(url1)
        return url1
    except Exception:
        return "exception"

class StackSpider(Spider):
    name = "link"
    start_urls = [
        url,
    ]
```

```python
def parse(self, response):
    questions = Selector(response).xpath('//a[@href]')

    for question in questions:
        item = GetterLinksItem()

        item['link'] = question.xpath(
            '@href').extract()

        item['linkText'] = question.xpath(
            'text()').extract()

        yield item

    url1 = getLinkfromDb()
    print "\n", url1, "\n"
    if flag:
        yield Request(url1, callback=self.parse1, dont_filter=True,
errback=self.errorHandling)

def parse1(self, response):

    questions = Selector(response).xpath('//a[@href]')

    for question in questions:
        item = GetterLinksItem()

        item['link'] = question.xpath(
            '@href').extract()

        item['linkText'] = question.xpath(
            'text()').extract()

        yield item

    url1 = getLinkfromDb()
    print url1
    if flag:
        yield Request(url1, callback=self.parse, dont_filter=True)

def errorHandling(self):

    url1 = getLinkfromDb()
    if flag:
        yield Request(url1, callback=self.parse, dont_filter=True)
```

Bis zum Befehl **import time** sind vordefinierte Bibliotheken und die Konfiguration mit den Klassen innerhalb des Projekts eingebunden.

Zunächst werden zwei Variablen definiert:
- **url**
  - In dieser Variable muss die Start-URL angegeben werden, sodass der Crawler bei Ausführung über die Console mit dieser URL loslegt.
- **count**
  - Mit count wird die maximale Anzahl an Linkquellen und Linktexte angegeben die untersucht werden sollen.

Anschließend wird in der Definition **getLinkfromDB** die Verbindung zur Datenbank hergestellt und die Anzahl der in der Datenbank enthaltenen Linkquellen in der Console ausgegeben. Innnerhalb des Crawlers wird auf die Definition **getLinkfromDB** zurückgegriffen, sodass in der Datenbank abgelegte URL's abgerufen werden können für den weiteren Vorgang.

URL's die in der Variable **usedLink_list** angegeben sind werden vom erneuten crawlen ausgeschlossen.

In der Klasse **StackSpider** wird der eigentliche Name als **link** definiert, sodass man den Befehl scrapy crawl link in der Console ausführen kann.

In der **def parse** werden die Items definiert und somit auch die Form, in der die Webseiten untersucht werden sollen.

Es gibt das Item **link** bei dem mithilfe von **xpath** angegeben wird, dass Link-Tags untersucht werden sollen.

Das Item **linkText** untersucht den Text der zu dem jeweiligen Link-Tag gehört.

Wenn ein Fehler auftreten sollte, springt die Definition errorHandling ein und greift auf die middlewares.py zu und bearbeitet den Prozess, sodass bei fehlerhaften URL's die nächste URL aus der Datennbank aufgerufen und untersucht wird.

Falls man die Daten in einer JSON – Datei separat ablegen möchte muss man in der Console folgenden Befehl eingeben: scrapy crawl link –o test.json –t json

Wichtig zu beachten ist, dass die link_spider.py – Datei auf die weiteren Dateien innerhalb des Projekts zugreift. In den anderen Dateien sind getrennt Definitionen enthalten die das Crawlen steuern.

6.7 Konfiguration in RoboMongo

In diesem Abschnitt möchte ich kurz auf die Konfiguration mit RoboMongo eingehen. Denn RoboMongo ist ein sehr geeignetes Datenbanktool um das Ganze zu visualisieren.

Zunächst muss RoboMongo runtergeladen werden. Nachdem RoboMongo installiert ist, kann man in wenigen Schritten die gecrawlten Daten abrufen. Als erstes erstes öffnet sich ein Fenster **MongoDB Connections**, dort wird auf **Create** geklickt.

Abbildung 3 - Screenshot MongoDB Connection Settings 1

Nun muss man einen Namen für die Verbindung eingeben und die **Serveradresse** in diesem Fall **localhost** mit dem **Port: 27017**. Als letztes muss man den **Datenbanknamen link_set** eingeben und speichern.

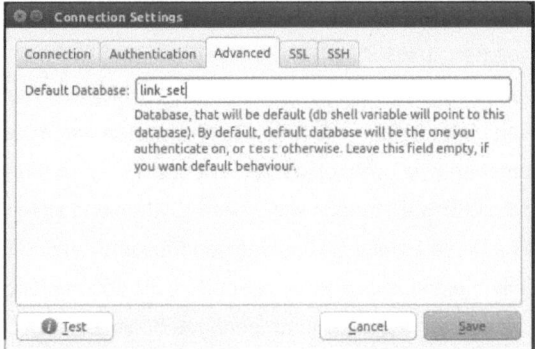

Abbildung 4 - Screenshot MongoDB Connection Settings 2

Nachdem der Speichervorgang erfolgreich abgeschlossen wurde kann man mit **Connect** eine Verbindung herstellen. Auf der linken Leiste sollte der Datenbankname stehen auf den man mit Klick auf **Collections** gelangt und anschließend auf **links** um sich die einzelnen Datenfelder anzuschauen.

7 Python & Data Mining

Python als Programmiersprache bietet enorm viele Möglichkeiten. Aus diesem Grund greifen viele erfahrene Programmierer, die mit großen Datenmengen arbeiten bzw. umgehen müssen, auf Python zurück.

Data Science ist zwar heutzutage ein Gebiet das mehr und mehr an Bedeutung gewinnt, aber nur wenige kombinieren das wissenschaftliche und technische Know How miteinander, um Auswertungen riesiger Datenmengen mithilfe von Programmiersprachen zu bewältigen. Die Bestandteile der heutigen Data Mining Prozesse wurden in der informationstechnologischen Community bereits vor mehreren Jahren studiert und erforscht. Von besonders großer Bedeutung sind die Bereiche der Linearen Algebra, statistische Modellierungen, Visualisierungen, Computerlinguistik, Graphen Analyse, Business Intelligence, Datenspeicherung und Information Retrieval. Einer der besten Methoden bzw. Programmiersprachen um große Datenmengen flexibel auswerten und daraus wiederrum einschlägige Erkenntnisse zu gewinnen ist Python. Aber auch die

Programmiersprache R eignet sich ideal um spezifische Probleme bei statistischen Analysen zu lösen.[18]

In Python können die unterschiedlichsten Werkzeuge integriert werden und abgesehen davon bietet Python ein optimales Fundament um mit anderen Programmiersprachen (wie beispielsweise Java oder C++) harmonieren zu können, denn es gibt Erweiterungen wie Jython, Cython und viele weitere.

Python bietet eine breite Palette an beständigen Bibliotheken für Datenanalyse Prozesse. Vor allem eignet sich Python besonders als Lösung für große Datenmengen, denn Python benötigt nur geringes Speichervolumen für seine Prozesse. Außerdem benötigt man keine großen Programmierkenntnisse um mit Datenmengen in Python umzugehen und eine Lösung zu finden.

7.1 Bekannte Python Bibliotheken

In diesem Abschnitt möchte ich ein paar der bekanntesten Python Bibliotheken vorstellen, die für Data Mining und Datenanalyse Prozesse geeignet sind.[19]

NumPy: Unterstützung bei großen, mehrdimensionalen Arrays oder Metriken. Zusammen mit einer großen Bibliothek aus sehr komplexen mathematischen Formeln kann man diese Arrays und Metriken bearbeiten.

SciPy: Open-Source Software die für wissenschaftliches Rechnen und Visualisierungen gerne genutzt wird. Sehr beliebt ist SciPy bei Wissenschaftlern, Analysten und Ingenieuren.

Scikit-learn: Ist eine Open-Source Software und dient als maschinelle Lern Bibliothek. Mit Scikit kann man Klassifizierungen vornehmen, cluster bilden und viel mehr.

IPython: Statistisches und visuelles Analyse Tool. Häufigste Anwendungsgebiete sind Statistik und Quantenmechanik.

NetworkX: Ist eine Software für Datenverarbeitung, Strukturanalysen, komplexe Funktionen und für komplexe Netzwerke.

---

[18] Vgl. (Boschetti & Massaron, 2015), S. 3, ff.
[19] Vgl. (Boschetti & Massaron, 2015), S. 7, ff.

8 Fazit

Python ist eine sehr einfach zu erlernende und schnell anwendbare Programmiersprache. Die wichtigsten Befehle sind unkompliziert in ihrer Syntax und daher sorgen sie für eine schnelle Auffassungsgabe beim Benutzer. Darüber hinaus gibt es jede Menge Python Frameworks mit denen die unterschiedlichsten Möglichkeiten gegeben sind. Mit Scrapy beispielsweise lassen sich Inhalte aus Webseiten mit geringem Aufwand extrahieren und beliebig anpassen oder bearbeiten. Die Scrapy Dokumentation erläutert die spezifischsten Methoden für die Analyse von Webseiten. Es ist zwar etwas aufwändig und zeitraubend oft auf die Dokumentation zurückzugreifen, aber die Erläuterungen zu bestimmten Befehlen sind dort bestens erklärt. Außerdem kann man sagen, dass Scrapy ein sehr interessantes Framework ist für Programmierer die bisher noch nicht mit Python in Berührung gekommen sind. Der Versuch im praktischen Teil zeigt, dass mit Python das Untersuchen von Linkquellen und deren Linktexte mit einer hohen Geschwindigkeit erfolgt. Die Linkquellen werden analysiert und in der Datenbank abgelegt und dieser Prozess wiederholt sich bis die maximale Anzahl erreicht wird. In meinem Test habe ich es geschafft 500.000 Links inklusive Linktexte zu speichern. Es dauerte zwar mehrere Stunden, aber keine andere Programmiersprache ist in der Lage eine so große Menge an Daten zu verarbeiten. Der Suchalgorithmus entspricht der Breitensuche, denn es werden ab dem Startknoten alle Knoten der ersten Ebene untersucht bis es keine weiteren URL's mehr gibt. Anschließend wird die Suche in der nächsten tieferen Ebene fortgeführt. Es ist sehr interessant zu erkennen wie sich der Crawler eigenständig bewegt und vor allem mit was für einer Schnelligkeit. Die Flexibilität der Programmiersprache ist enorm. Python kann viele Datenformate lesen, bearbeiten und ausgeben(speichern).Man kann genau definieren welche Informationen der Crawler im Web durchforsten soll. Die Programmiersprache eignet sich vor allem für Personen, die Interesse für das Programmieren von Webapplikationen haben. Viele Webentwickler suchen geeignete Programmiersprachen um Prozesse einfacher und schneller zu gestalten, daher wird Python in Zukunft eine noch wichtigere Rolle spielen als es bereits tut.

Literaturverzeichnis

Boschetti, A., & Massaron, L. (2015). *Python Data Science Essentials*. Birmingham UK: Packt Publishing.

Developers, M. (27. Dezember 2015). *Introduction to MongoDB*. Abgerufen am 27. Dezember 2015 von https://docs.mongodb.org/getting-started/python/introduction/

Developers, M. (27. Dezember 2015). *PyMongo 3.0.3 Documentation*. Abgerufen am 27. Dezember 2015 von http://api.mongodb.org/python/3.0.3/

Developers, S. (27. Dezember 2015). *Scrapy documentation 1.0*. Abgerufen am 27. Dezember 2015 von http://doc.scrapy.org/en/1.0/intro/overview.html

Developers, S. (02. Januar 2016). *Downloader Middleware - Scrapy 1.0.4 documentation*. Abgerufen am 06. Januar 2016 von http://doc.scrapy.org/en/1.0/topics/downloader-middleware.html

Developers, S. (02. Januar 2016). *Extensions - Scrapy 1.0.4 documentation*. Abgerufen am 06. Januar 2016 von http://doc.scrapy.org/en/1.0/topics/extensions.html#topics-extensions

Developers, S. (2. Januar 2016). *Item Pipeline - Scrapy 1.0.4 documentation*. Abgerufen am 2. Januar 2016 von http://doc.scrapy.org/en/latest/topics/item-pipeline.html

Developers, S. (02. Januar 2016). *Items - Scrapy 1.0.4 documentation*. Abgerufen am 02. Januar 2016 von http://doc.scrapy.org/en/latest/topics/items.html

Developers, S. (02. Januar 2016). *Settings - Scrapy 1.0.4 documentation*. Abgerufen am 06. Januar 2016 von http://doc.scrapy.org/en/1.0/topics/settings.html

Doenitz, K. (21. März 2014). *Stackoverflow*. Abgerufen am 30. Dezember 2015 von http://stackoverflow.com/questions/22556965/how-to-install-scrapy-on-ubuntu

Forcier, J., Bissex, P., & Chun, W. (2009). *Python Web Development with Django*. Boston: Addison-Wesley.

Goos, G. (2000). *Grundlagen und funktionales Programmieren*. Berlin Heidelberg: Springer-Verlag.

Jiuzhou, Z. (26. Juli 2013). *What is the difference between Scrapy's spider middleware and downloader middleware?* . Abgerufen am 06. Januar 2016 von Stackoverflow: http://stackoverflow.com/questions/17872753/what-is-the-difference-between-scrapys-spider-middleware-and-downloader-middlew

Kaiser, P., & Ernesti, J. (2008). *Python - Das umfassende Handbuch*. Bonn: Galileo Press.

Klein, B. (2013). *Einführung in Python 3*. München: Carl Hanser Verlag.

Maucher, J. (2010). *Suchalgorithmen in Python*. Abgerufen am 31. Dezember 2015 von https://www.hdm-stuttgart.de/~maucher/Python/FunktionenAlgorithmen/html/SearchAlgos.html

Subramanian, G. (2015). *Python Data Science Cookbook*. Birmingham UK: Packt Publishing Ltd.

BEI GRIN MACHT SICH IHR WISSEN BEZAHLT

- Wir veröffentlichen Ihre Hausarbeit,
  Bachelor- und Masterarbeit

- Ihr eigenes eBook und Buch -
  weltweit in allen wichtigen Shops

- Verdienen Sie an jedem Verkauf

Jetzt bei www.GRIN.com hochladen
und kostenlos publizieren